Introduzione

Il dipinto intitolato Primo acquerello astratto è considerato un'opera che segna la nascita di una nuova epoca nella storia dell'arte. Gli elementi, come le linee le macchie di colore, trovano libera a disposizione in una delicata sospensione nel vuoto. Esse sembrano volare in uno spazio indefinito. Il desiderio dell'artista era quello di creare un'immagine armoniosa. La presenza del soggetto viene meno e l'ordine degli elementi, e la loro forma, non risponde più a nessuna regola della tradizione artistica. Con quest'opera, Kandinsky avvia una profonda trasformazione sul concetto di rappresentazione, che lo porta ad abolire ogni riferimento concreto alla realtà e a dare il via all'Astrattismo, uno dei movimenti artistici del Novecento più importanti. Questi, insieme a tanti altri, sono i motivi che rendono Kandinsky uno dei grandi protagonisti della rivoluzione artistica del Novecento e che gli attribuiscono un posto di rilievo nella storia dell'arte occidentale.

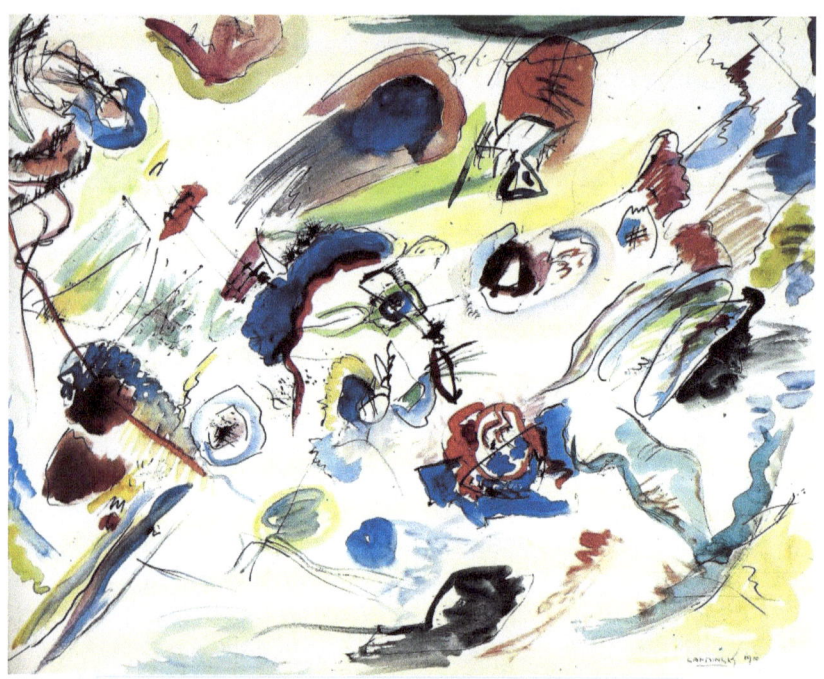

Kandinsky, Primo acquerello astratto, 1910, Centro Pompidou, Parigi.

Gli esordi

Perché parlare di Kandinsky? Innanzitutto perché è stato uno degli inventori, forse il primo, dell'arte Astratta, ovvero di quell'arte in cui il soggetto, in senso tradizionale, viene meno e l'immagine dell'opera è puramente costruita dall'immaginazione e dal mestiere dell'artista e in secondo luogo perché l'astrazione è considerata tra i fenomeni artistici più significativi e rivoluzionari del XX secolo. Kandinsky, russo di nascita, ha avuto una carriera di quasi 50 anni, fino alla sua morte, avvenuta nel 1944 a Parigi. L'artista ha dedicato tutta la sua vita all'arte astratta, poi sembra che abbia avuto una sensibilità assolutamente eccezionale per i colori. Da giovane ha osservato, incantato, più volte, i colori della città di Mosca all'ora del tramonto, momento in cui il sole rosso accendeva nella sua anima tutti gli altri colori. Descrive il tramonto di Mosca come "l'ultimo accordo di una sinfonia" e da questo si desume una cosa molto particolare: percepisce il colore come fosse nota musicale o meglio strumenti musicali e viceversa. Ad una rappresentazione di Wagner vede la musica in una serie di colori: è una esperienza sinestetica nella quale più sensi, in particolare la vista e l'udito, si intersecano ascoltando Wagner. Kandinsky chiudeva gli occhi e vedeva il colore e in particolare era il colore che associava alle sue visioni di Mosca, che cerca, come vedremo, di recuperare nei suoi quadri quando ormai adulto diventa pittore. Kandinsky nasce a Mosca nel 1866. Trentenne, dopo anni di studi di economia e di diritto, abbandona tutto per dedicarsi all'arte. L'incontro con gli impressionisti francesi a

Parigi e in particolare con Monet, segna in modo indelebile il suo percorso, spingendolo ad allontanarsi dai soggetti dipinti realisticamente, per sperimentare una pittura fondata sull'intensità dei colori. Con questi pensieri, Kandinsky, nel 1896 giunge a Monaco di Baviera, dove, nel clima di forte tensione artistica e intellettuale che percorre tutta l'Europa, darà vita a gruppi di Avanguardia come der blaue reiter: il cavaliere azzurro. Il gruppo si ispira ai principi raccolti nel trattato "Lo spirituale nell'arte" a cui Kandinsky lavora fin dal 1910, anno che vede anche la realizzazione del primo acquerello astratto. Il colore brillante e anti naturale che domina quest'opera, prevale sulle forme che subiscono un primo processo di semplificazione. Ciò che è visibile si trasforma in sensazioni, reazioni, espressioni. Sono anni di sperimentazioni. Il pittore si interessa alle scoperte artistiche del momento, guarda a Matisse e a Picasso e compie numerosi viaggi. Rientrato a Mosca nel 1914, ottiene numerosi incarichi pubblici fino a diventare docente presso l'università della città nel 1920. Lasciata la Russia per la Germania, nel 1922 riceve da Walter Gropius l'invito ad insegnare nella importante scuola del Bauhaus. L'adesione a questa scuola segna l'inizio di una nuova fase per la sua arte. Kandinsky abbandona le forme irregolari per sperimentare composizioni dove i colori diventano espressione di forme geometriche. L'artista utilizza, così, il giallo per rappresentare il valore figurativo dell'angolo acuto e del triangolo. L'artista usa il rosso dell'angolo retto e del quadrato ed il blu per indicare il valore dell'angolo ottuso e del cerchio. Le sue innovazioni ottengono consensi sempre più vasti, come provano le numerose esposizioni a cui partecipa, come quelle parigine del 1929 e 1930. La cittadinanza tedesca, ottenuta nel frattempo, non lo protegge dall'insofferenza del governo nazionalsocialista verso le arti d'Avanguardia. La chiusura del Bauhaus del 1933, porta Kandinsky a riparare a Parigi. Il 13 dicembre 1944, Kandinsky muore presso Parigi all'età di 78 anni, senza poter rivedere l'amata Russia.

La vita variopinta

Questo quadro fu realizzato all'inizio del 1907, quando Kandinsky viveva vicino a Parigi. Permeato di nostalgia per la Russia, Kandinsky raffigura il colle del Cremlino, i costumi tipici tradizionali russi ed evoca l'espressione di una sua nostalgia di senso ineffabile di un qualcosa che mancasse nella sua vita, come fosse stato escluso da uno stato di beatitudine, come fosse stato escluso da un qualcosa che aveva appreso dall'infanzia. Associa questa perdita con una idealizzata gioventù in Ruffia ed è influenzato dai dipinti Naif che aveva visto nel 1889. Nel quadro si notano delle case contadine di una remota provincia russa, Vologda, dove compie un viaggio di studi antropologici. Tanti dei quadri e delle xilografie eseguite nei primi anni a Monaco hanno come soggetto scene fiabesche e romantici episodi di cavalleria, proprio come il cavaliere di questo quadro che parte per chissà quale fantastica destinazione. La Vita variopinta emerge, dunque, come romantica espressione di vita nostalgica Moscovita in uno stile tipico dell'ambiente di Monaco: il Simbolismo, corrente artistica prevalente a fine '800. Nel dipinto si vede un ragazzo che insegue una ragazza, dunque vi è desiderio sensuale, si vedono anche contadini che lottano con i bastoni, dunque violenza e discordia, si vede anche una madre che coccola il suo bambino, dunque la maternità, e, ancora, due anziani che dialogano con saggezza, si vede anche un prete coperto di teschi, che simboleggia la morte, la religione, l'aldilà. Siamo lontani dall'astrazione e siamo invece in presenza di un Kandinsky che deve ancora imparare a dipingere la vita spirituale con il linguaggio di pittura astratta.

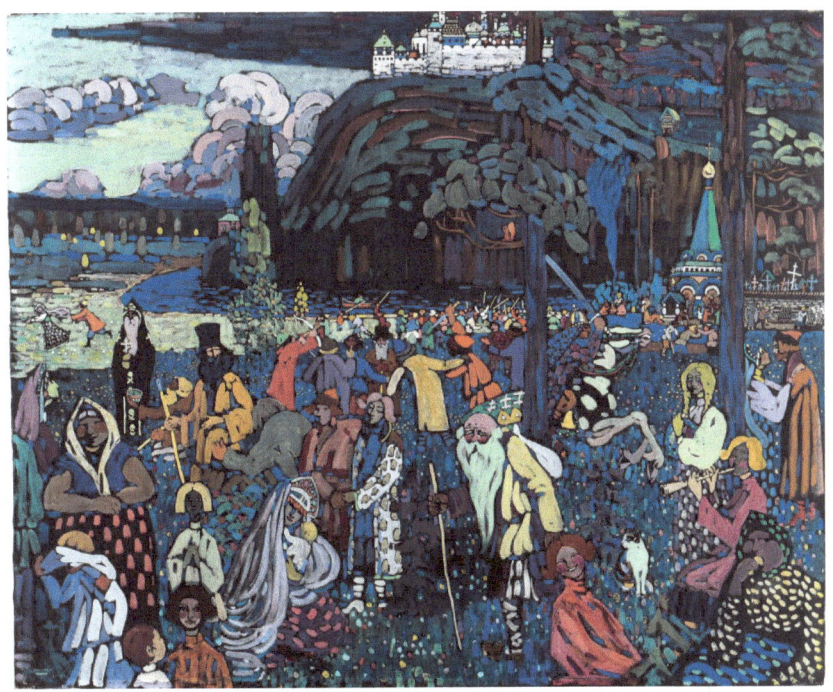

Kandinsky, Vita variopinta, 1907, Lenbachhaus, Monaco.

Paesaggio con torre

A Parigi, nel 1906-1907, Kandinsky ha occasione di vedere i colori stridenti ed espressionisti, ma anche puri e intensi, dei Fauves, con un esponente come Matisse. Ciò induce in lui un nuovo stile di pittura, simile a quello adottato in questo paesaggio con torre. Si tratta del villaggio di Murnau, a sud di Monaco, ed è li che l'artista si trasferisce a vivere ed è li dove inizia il progetto di sviluppare un linguaggio spirituale nell'arte astratta. Ho detto che la visione di Mosca non esce mai nel suo immaginario e la presenza, qui, del campanile di Murnau non può che ricordargli il campanile di Ivan il Grande a Mosca, antenato di ogni torre poi raffigurata da Kandinsky per quanto astratta.

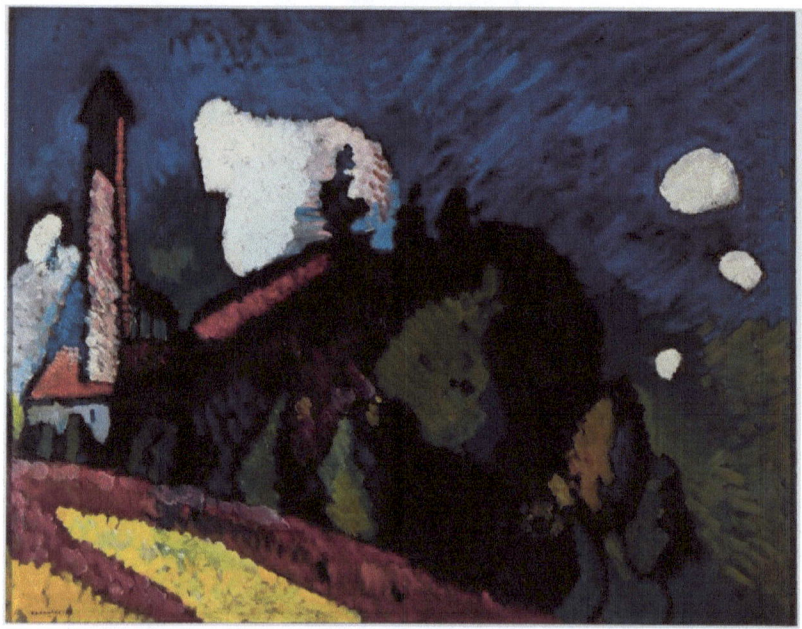

Kandinsky, Paesaggio con torre, 1908, Centro Pompidou, Parigi.

L'Astrattismo

"D'improvviso per la prima volta vidi un quadro. Il catalogo mi diceva che si trattava di un pallaio ma non riuscivo a riconoscerlo. Questa incapacità di riconoscere il soggetto mi turbò. Senza che me ne rendessi ben conto era screditato ai miei occhi, l'oggetto come elemento indispensabile del quadro.". Il 1910 viene considerato l'anno in cui nasce l'Astrattismo, in coincidenza con i primi acquerelli di soggetto non figurativo dipinti da Kandinsky. Già alla fine dell'Ottocento, con il termine astrazione, i pittori definiscono un nuovo tipo di arte che si stacca dalla raffigurazione del soggetto reale per rappresentarne l'essenza. Questo progressivo distacco dal naturalismo aveva portato la nascita di due correnti parallele: da una parte il post-impressionismo che si concentra prevalentemente sulla forma e dall'altra parte il simbolismo, in cui viene privilegiato il contenuto, con una pittura formata da simboli, ancora attratti dal mondo reale ma con un linguaggio pittorico elementare, quasi infantile, per evidenziarne l'aspetto simbolico. L'Astrattismo attinge da entrambe le correnti. Il risultato è una sintesi in cui la forma si riduce a linea e i contenuti si esprimono per mezzo del colore. L'assenza di elementi tratti dalla realtà come soggetti di un dipinto è, all'inizio del XX secolo, un'idea assolutamente sconvolgente e avrà conseguenze così rivoluzionarie da influenzare gli sviluppi di tutta l'arte del Novecento. L'artisa è ormai svincolato dalle norme e dalle convenzioni visive fino ad allora imposte dal contesto culturale. La sua volontà diventa il vero soggetto dell'arte e con le sue scelte, i suoi gesti, la sua interiorità, dà vita all'opera. Così Kandinsky diceva "Non vedevo altro che forme e colori, il cui contenuto mi era incomprensibile. Seppi allora, in modo preciso, che l'oggetto nuoce ai miei quadri.".

Montagna azzurra

Nella Montagna azzurra è chiaro che predomina un uso autonomo del colore. Sono colori bellissimi in cui il soggetto è sempre fiabesco: cavalieri, dame, una principessa a destra. Tutte le figure sono davanti a una montagna di blu intenso che dona connotazioni magiche. Kandinsky era da tempo consapevole della forza del colore, non come strumento per mimetizzare la realtà, come forza emotiva e spirituale. Ecco, in proposito, vi è un aneddoto raccontato da Kandinsky stesso nel 1896. Egli, in quell'anno, visita la mostra degli impressionisti, trovandosi davanti al Pallaio di Monet. Era un Pallaio confermato dal catalogo che aveva in mano ma non riusciva a identificarlo, non riusciva a trovare il pallaio all'interno del quadro. Perplesso, comincia a sospettare di una presa in giro e che il soggetto non ci fosse affatto, ma si sorprende scoprendo che il quadro esercita su di lui una strana forza. Non riesce nemmeno in seguito a dimenticare ciò e scopre la forza della tavolozza. Sospetta di avere intravisto un frammento della sua visione mistica di Mosca, addirittura. Il soggetto del quadro, in questo caso un banale pallaio, è così screditato infrangendo la sua sicurezza, la sua fede nella realtà esterna. È una convinzione scossa di nuovo, poco dopo, quando sente la notizia che l'atomo non è la componente ultima e finale della natura, ma che anch'esso è un composto di particelle: per Kandinsky il blu della montagna azzurra è il colore del cielo, del paradiso, del riposo spirituale, dell'intensità, dell'immaginazione più introspettiva, perché tende ad essere soggetto ad una forza centripeta, ritirandosi su sé stesso a differenza del giallo che tende ad espandersi nella sua accezione più intensa. Kandinsky paragonava il blu al suono dell'organo. Ecco, dunque, un altro episodio che contribuì a convincere Kandinsky della forza dei dipinti a scapito delle opere narrativi e del soggetto screditato: una sera del 1909 torna a casa tardi e nella penombra del suo studio vede un quadro che non riconosce. Non aveva mai visto questo quadro, eppure era incandescente di colore fiammeggiante e di forme espressive. Scopre che si tratta di un suo proprio quadro, coricato su un lato, e purtroppo la mattina dopo, nella luce del giorno, non riesce più a ricostruire in sé le sensazioni che aveva avuto da questo quadro la sera prima.

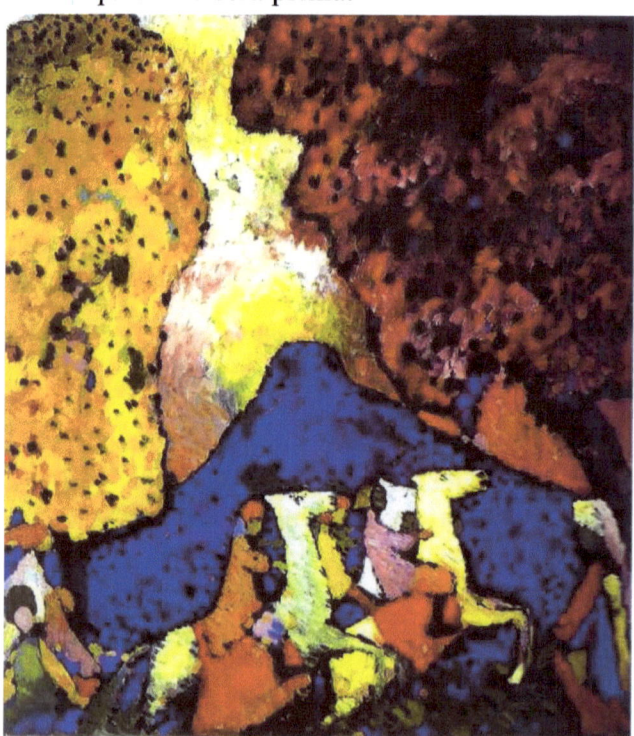

Kandinsky, Montagna blu, 1909.

La spiritualità nell'arte

Kandinsky, uomo molto intelligente e con una formazione accademica, pubblica i suoi scritti tra cui il più famoso, pubblicato nel 1912, Lo spirituale dell'arte. In questo testo spiega il ruolo dell'artista come colui che ha il compito di portare avanti lo spirituale nella storia dell'uomo, come se questa fosse una definizione della storia stessa. Kandinsky spiega il graduale sviluppo della componente spirituale nella vita dell'umanità, dando il ruolo di Superuomo nietzschiano all'artista: secondo Kandinsy l'artista deve esprimere e dar vita a verità interne e spirituali e non deve accontentarsi dell'imitazione di forme esterne, materialistiche e banali. I colori per lui hanno un effetto fisico sull'occhio: caldo-rosso, freddo-blu, evitante-giallo, riposante-verde. Nel testo dello spirituale nell'arte, Kandinsky indaga soprattutto sull'aspetto psicologico del colore: questo ha un impatto sulla retina nell'occhio, ma anche una vibrazione spirituale. Insomma Kandinsky è un pittore convinto che l'arte Astratta, fatta di forme, colore e linee slegate dall'obbligo di mimetizzare la natura, contribuisca alla vita spirituale degli uomini. L'importanza del suo progetto determina in lui una graduale progressione verso la pittura Astratta, o meglio verso la pittura pura e assoluta. Come abbiamo visto, comincia a studiare pittura tardi, nel 1906, a trent'anni, e soltanto dopo altri 15 anni ha dipinto il suo primo quadro astratto, o puro appunto. Kandinsky non era il solo a depositare tutta la sua fede pittorica in un'arte astratta. Nell'Ottocento quello che contava era il soggetto letterario, storico, religioso, mitologico, politico. Nell'astrazione vi è il viaggio di scoperta più brillante ed eccitante che comportava la ricerca di una nuova gamma di soggetti e contenuti. Per Kandinsky l'astrazione era la rivelazione della vita spirituale.

Le Avanguardie

Tra la fine dell'Ottocento e i primi del Novecento, quando Kandinsky inizia il suo percorso artistico, l'Europa è segnata da molteplici correnti artistiche: sono le Avanguardie storiche. Movimenti impegnati nella ricerca e sperimentazione di nuovi linguaggi e tecniche espressive, le Avanguardie mettono in discussione i valori accademici e classicisti. L'Impressionismo, che aveva dominato il tardo Ottocento con la sua visione serena della realtà, non è più adatto ad esprimere il senso di disagio spirituale della nuova epoca. Cézanne, Gauguin e van Gogh, si allontanano da questo movimento per dare vita a una diversa concezione dell'arte, non più strumento di riproduzione della realtà, ma mezzo per comunicare nuovi e profondi valori spirituali. È questo il modello che le Avanguardie storiche svilupperanno fino ad arrivare al concetto di astrazione, che sancirà la definitiva rottura tra arte e rappresentazione del reale. Colore e immediatezza diventano il fulcro della pittura dei Fauves, mentre i cubisti fanno della semplificazione delle forme, di Cézanne, il punto di partenza della loro arte. L'amara realtà delle guerre, le aspre lotte di classe, diventano i temi principali e dolorosi degli artisti espressionisti. L'Astrattismo internazionale conosce il suo massimo sviluppo a Parigi, dove trovano rifugio molti artisti d'Avanguardia in fuga dalla Germania nazista. Kandinsky è tra questi e proprio a Parigi porterà a termine la sua ricerca, diventando imprescindibile modello per gli artisti europei e americani del secondo dopoguerra.

Quadro con bordo bianco

Le reminiscenze, pubblicate da Kandinsky nel 1913, spiegano che il quadro è stato iniziato poco dopo il rientro da un viaggio a Mosca, nel dicembre del 1912. Kandinsky ha provato di registrare ogni forma pittorica sotto l'impressione fortissima di Mosca. Questa impressione, o suoni emotivi, sarebbe secondo il metodo di Kandinsky, rilasciata o resa percepibile attraverso un processo che nasconde e sopprime la presenza troppo ovvia e cospicua del soggetto dell'opera. In altre parole, l'astrazione ha un effetto liberatorio per le emozioni. I suoni spirituali sono emersi da colori e forme. Il quadro con bordo bianco ha un soggetto illustre e racconta la storia di San Giorgio che uccide il drago e questo motivo per Kandinsky è un'idea di conflitto, di antitesi, nelle vaste possibilità formali offerti dal linguaggio astratto. San Giorgio si trova al centro del dipinto, in cui una linea curva urlata di bianco culmina in due gobbe simile a quelle di un cammello. Questo è il geroglifico di Kandinsky per rappresentare il cavallo e il cavaliere. Quest'ultimo è ripiegato su una lancia bianca, come una sciabola di luce, che punta verso una mostruosa forma biancastra sulla sinistra: il drago con appendici nere come i tentacoli di una medusa. Nell'angolo superiore sinistro si trovano tre linee parallele che finiscono in acqua con macchie marroni: sono i cavalli della Troika, la carrozza dei tre cavalli della principessa che San Giorgio salva. È bene notare che San Giorgio è il santo patrono del villaggio di Murnau, il paesino bavarese dove Kandinsky ha dipinto quest'opera, ma ancora più significativamente è il santo patrono di Mosca. Il trionfo di San Giorgio sul male, rappresentato dal drago, è concettualmente la sua conversione al cristianesimo di Mosca, in preparazione alla nuova epoca dello spirito. Il quadro rappresenta il trionfo del bene sul male negli ultimi giorni dell'apocalisse di San Giovanni e anche il trionfo dello spirito sulla materia e dell'arte sul materialismo. È una nozione catturata in un impressionante dipinto simbolista di San Giorgio e il Drago di Walter Crane, che Kandinsky avrebbe visto a Monaco nel 1899, in cui un enorme drago attorcigliato sta tra San Giorgio e una città industriale in lontananza, che evoca commercio, manifatture e materiali aspri. È bene focalizzare la nostra attenzione sul bordo bianco, nel titolo dell'opera. Gli studi di Kandinsky per il quadro erano rimasti irrisolti, non compiuti per settimane. Vi è una parte importante non disegnata attorno del bordo del drago. Questo fatto era per lui fonte di esitazione e preoccupazione, finché un giorno non si rese conto che, proprio, la realizzazione del bordo bianco era quella che ci voleva per finire l'opera. Dunque, compra subito la tela e porta velocemente a termine il dipinto. Lo descrive, poi, come un'onda bianca che rifluisce attorno, spegnendosi in alto a destra, con uno zig-zag bianco che richiama il frangersi della sacca su una spiaggia. Sebbene utilizzi la metafora dell'onda, si tratta di una considerazione soprattutto formale, ricordando che la rappresentazione delle cose non è il suo scopo, ma piuttosto la creazione di forme e colori dotati di un suono interno che risuoni con l'immagine nel suo insieme. Detto questo, la metafora dell'onda può anche essere connessa alla nozione biblica del diluvio che Dio manda giù sulla terra per purificare il mondo dal male. Da un punto di vista puramente astratto mi chiedo se, con queste rivelazioni di Kandinsky nella sua prontezza di collocare il dipinto in un ambiente corporeo che non è né solido né spazio e che era la materializzazione di uno spazio astratto, mi chiedo, appunto, se non siamo, in qualche modo, testimoni dell'origine di quell'indeterminato territorio bianco attraverso, e su cui, così tante forme astratte si sarebbero dispiegate negli anni a venire. Il simbolo di San Giorgio, cavaliere eroico e giusto, si associa a Kandinsky stesso. L'artista aveva quasi un alter ego nel cavaliere azzurro e questo è anche il nome di un suo dipinto nei primi anni del secolo. È un dipinto in cui il cavaliere è rappresentato dal più spirituale dei colori, il blu appunto, impegnato in una crociata contro il materialismo del XX secolo e a sostegno della spiritualità nell'arte.

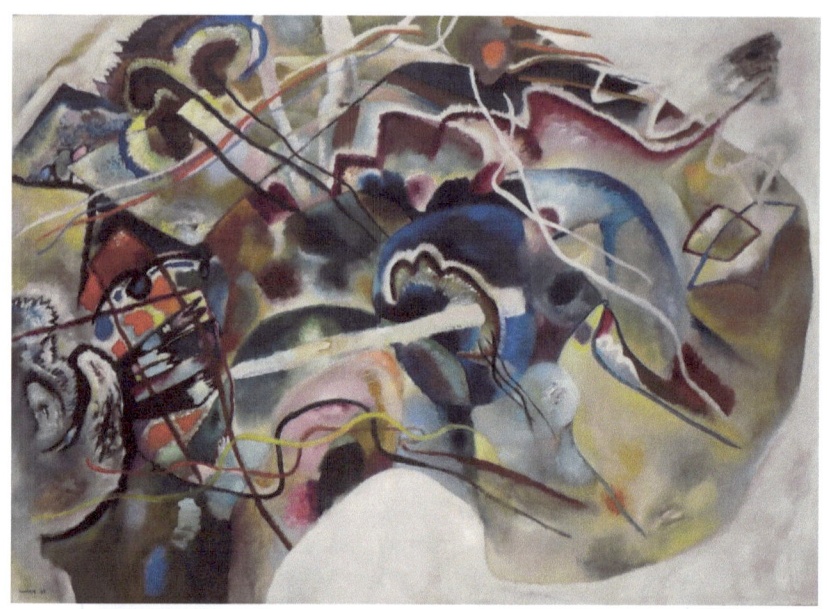

Kandinsky, Quadro con bordo bianco, 1913, Museo Guggenheim, New York.

Cavaliere azzurro

Il clima di forte tensione artistica e intellettuale che percorre l'Europa nei primi decenni del Novecento, porta continue aggregazioni tra intellettuali. Pittori, scrittori, filosofi, musicisti, danno vita a gruppi con l'intento di reagire allo spirito accademico dei tempi. Nel 1911, a Monaco di Baviera, Kandinsky fonda, con Franz Marc, il movimento del Cavaliere azzurro, cui aderiscono anche Paul Klee e August Mackee. Il movimento deve il suo nome alla passione di Kandinsky per il blu e a quello di Marc per i cavalli: da qui l'idea di un cavaliere dal manto azzurro su un cavallo lanciato libero al galoppo, come immagine emblematica del nuovo gruppo. Il cavaliere azzurro è un movimento che segna una delle più significative esperienze del panorama europeo del primo Novecento e fonda la sua poetica sulla corrente dello spiritualismo, sviluppatosi tra fine Ottocento e inizio Novecento. Per gli esponenti di questa corrente, l'interiorità e la meditazione costituiscono la vera fonte dell'ispirazione artistica, facendo del sentimento il principale strumento dell'indagine della realtà. Il cavaliere azzurro, inoltre, persegue lo scopo di valorizzare e sostenere con mostre e scritti teorici, tutte le tendenze per le quali la sfera dell'arte è nettamente distinta da quella della natura. In pittura, questo si esprime con una assoluta dedizione al colore brillante, anti naturale, mentre le forme subiscono un processo di semplificazione. Ciò che è visibile si trasforma in sensazioni e reazioni. Sono anni di profonde sperimentazioni in cui l'artista si dedica a letture filosofiche e si interessa con passione alla moltitudine di innovazioni artistiche del momento. Lo scoppio della prima guerra mondiale e il ritorno di Kandinsky in Russia pone fine all'esperienza del gruppo e a questo periodo di intensa e feconda attività. Il cavaliere azzurro si scioglierà nel 1914.

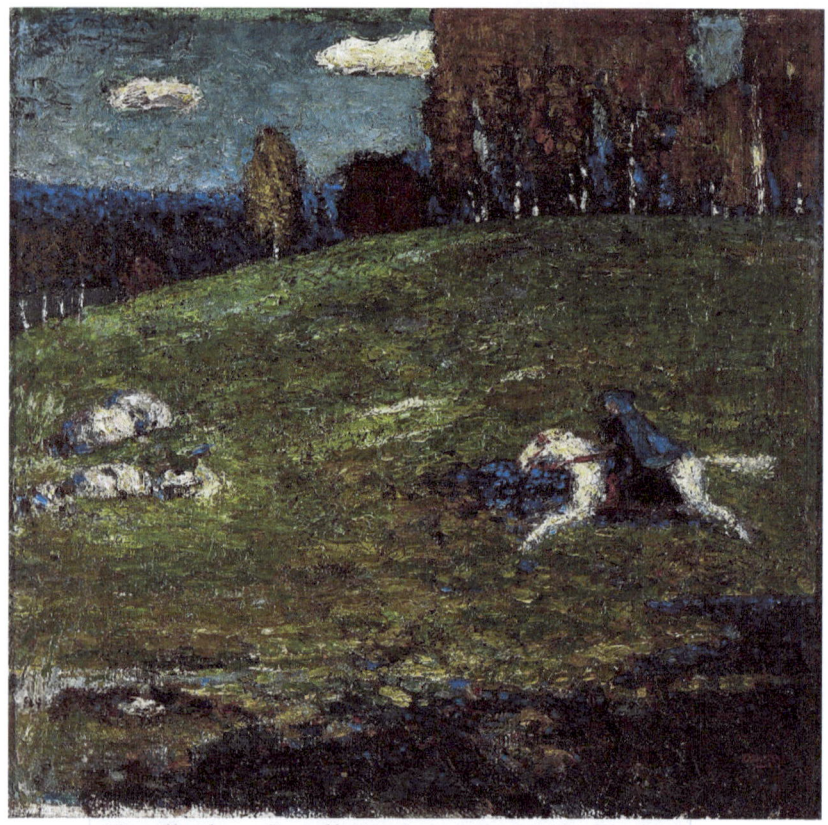

Kandinsky, Cavaliere azzurro, 1903, Zurigo, Collezione privata.

Composizione VI

All'inizio del secolo scorso, alcune idee sul destino storico di Mosca erano diffuse. Erano idee condivise anche da Kandinsky. Per cominciare, era consuetudine, per la chiesa cristiana ortodossa russa, considerare Mosca come la terza Roma, dopo Roma stessa e Costantinopoli, che nel 1453 cade in mano ai turchi ottomani. Ciò aiuta a comprendere perché Ivan IV il terribile prende il titolo di Zar nel XVI secolo. Questo corrisponde anche a una visione trinitaria della storia che associa Roma con il Dio padre, Costantinopoli con il figlio e Mosca con lo Spirito Santo. Attraverso questa osservazione ci rendiamo conto che la convinzione di Kandinsky che il vero soggetto dell'arte sia lo spirito, ha implicazioni macrocosmiche: il suo senso dell'imminenza della nuova epoca dello spirituale, dominato dalla Russia, è simbolizzata dalla Santa Vergine e da San Giorgio ed induce a Kandinsky ad attribuire a Mosca un'importanza epocale e visionaria. Mosca diventa, quindi, il luogo dove avviene l'apocalisse, il trionfo dello spirito e l'inizio dell'età dello spirito. Ecco perché il trionfo di San Giorgio sul drago è molto di più di una pittoresca fiaba. Questa visione di Mosca faceva riferimento, in particolare, alle profezie di Gioacchino da Fiore, un monaco calabrese del XII secolo. Per Gioacchino, dopo l'arrivo del Padre eterno e del figlio, era imminente la terza e ultima età della storia, cioè quella dello Spirito Santo. Dunque, il percorso di Kandinsky, in questi anni a Murnau, dal 1908 al 1914, verso note sempre più astratte, se vogliamo dire verso la pittura assoluta, era molto più di una preferenza personale o di una evoluzione di carattere artistico dal post-impressionismo. Ciò era motivato dalla ricerca di uno stile di pittura idoneo per dare vita ad un nuovo linguaggio universale espressivo dall'età spirituale. Il titolo di Composizione VI è tutt'altro che casuale. Si tratta del sesto di una serie di quadri di particolare importanza per Kandinsky, elaborato durante un lungo arco di tempo e frutto di tanti tentativi preliminari e disegni preparatori. Kandinsky distingueva le composizioni, in questo senso, da impressione e da improvvisazione. Composizione VI nasce da un suo dipinto su vetro che illustrava il diluvio, ma Kandinsky affermò, poi, in maniera a mio parere non sincera, che sarebbe stato un grande malinteso pensare che Composizione VI, nella sua evoluzione, illustrasse qualsiasi evento biblico. La sua descrizione del quadro si incentra esclusivamente sulle sue forme, sulla risoluzione di tensione attraverso l'aggiunta di macchie di rosa per compensare macchie di blu, sulla pacificazione della turbolenza, sul bilanciamento di tre centri del quadro: uno con righe nere in alto a destra, un altro con colore rosa verso sinistra e un terzo in mezzo a uno spazio indistinto fra vicino e lontano. Detto ciò ritengo che sia lecito, ricordando che le origini di Composizione VI sono in un evento apocalittico, individuare barche che naufragano l'albero di una nave in alto, una marea turbolenta nella parte bassa, persone che annegano, pioggia e fulmini. Il dipinto ha tre metri di larghezza ed è fra i maggiori raggiungimenti, in tutti i sensi, dell'arte Astratta in tutta la storia del Novecento. Nel 1914 scoppia la prima guerra mondiale. La Russia dichiara guerra alla Germania ed è una circostanza tragica per Kandinsky, russo ma tedesco di adozione. È costretto ad interrompere una straordinaria sequenza di magnifici quadri e ritornare a Mosca. Sarebbe rimasto in Russia fino al 1921, con una breve introduzione in Svezia nel 1916, dove disse addio alla sua compagna Gabriele Munter. Fu testimone del catechismo della rivoluzione di ottobre, nel 1917, così come del suprematismo e del costruttivismo dell'Avanguardia russa. Incontra e sposa Nina, che rimarrà al suo fianco fino alla fine della sua vita. Ritorna in Germania nel dicembre del 1921 ed è invitato da Gropius ad insegnare presso il Bauhaus, la famosa scuola che univa architettura, design, arti applicate e belle arti.

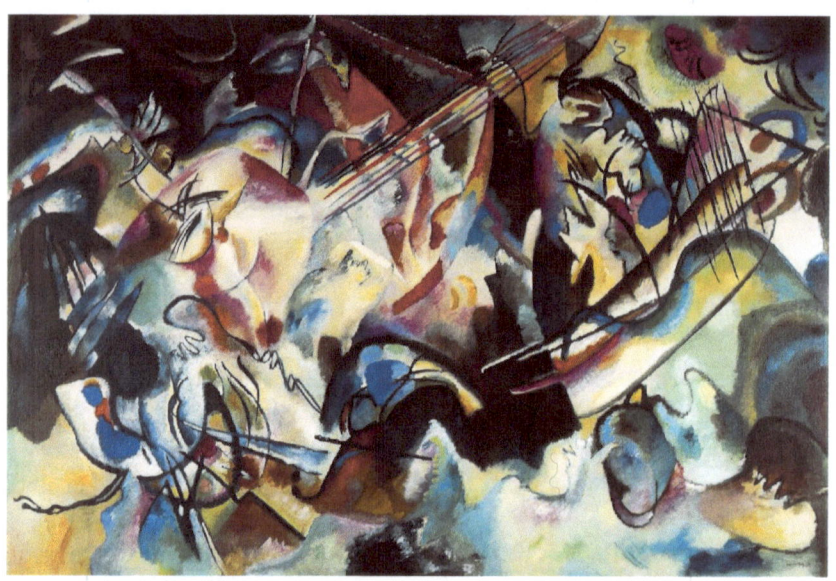

Kandinsky, Composizione VI, 1913, Ermitage, San Pietroburgo.

Croce bianca

Croce bianca è fra i primi quadri dipinti all'arrivo di Kandinsky a Weimar. Stilisticamente si tratta di un quadro in transizione. Certe parti sono rese con pennellate ancora in debito al primo modernismo, cioè l'Impressionismo. Ciò è visibile nei due aloni che assomigliano a fette di meloni, per esempio, e il pianeta giù a destra che esplode o, ancora, il blu acquoso che spacca il piano bianco. Altre parti hanno una precisione di disegno e di forma compatta che si avvicina alla geometria. La vecchia tecnica pittorica sarà presto sostituita da un vocabolario geometrico. Questo sviluppo è intrinseco nel suo testo Lo Spirituale dell'arte, in cui le forme sono analizzate con riferimento alla geometria, al triangolo, al quadrato e al cerchio. Ma apparentemente Kandinsky è stato spinto in questa direzione dalla sua esperienza Russia, dal contatto diretto con il Suprematismo. Quando il linguaggio visivo del Suprematismo viene a contatto con il Costruttivismo, con le sue implicazioni sociali di esprimere il nuovo mondo delle macchine e della classe operaia, a Kandinsky non interessa minimamente, coerentemente con la sua convinzione che l'arte deve occuparsi dello spirito e non con la materia delle fabbriche. Ciò spiega, in parte, la sua partenza per la Germania nel 1921. Questo quadro supera per complessità qualsiasi quadro Suprematista. È visibile ancora la profonda nostalgia per Mosca, gli aloni richiamano le icone dei Santi e altrettanto il disegno a scacchiera a destra, che contiene la croce greca bianca del titolo ed evoca i bordi dei vestiti e dei Santi nelle grandi icone russe. Il nido di linee incrociate, sopra la forma verde e tonda, è il geroglifico del Cremlino. Ogni linea retta, lunga, attraversata da una linea curva, ha le sue origini nel simbolo utilizzato per San Giorgio a cavallo con la lancia. Quello che trovo straordinario, qui, è una sistematica frustrazione, uno sconvolgimento e rovesciamento delle aspettative di un normale comportamento prevedibile delle forme. Intendo, abbiamo una esplosione infuocata attorno a un tondo verde. Fresco, sereno, tranquillo questo verde, in cui forme si sovrappongono senza logica e si fondono, rifiutano di restare nel piano spaziale loro assegnato. In alto, il piano bianco è palcoscenico per la trama e si scioglie in rosso e blu. Le linee nere perforano il nero attorno, accendendosi con un'aura bianca, cioè un punto nero che brilla o perfora il magma che non indica più la notte o il buio spaziale, ma indica qualcosa di viscoso. Si sente, qui, l'attenzione continua e raffinata agli aspetti puramente pittorici del suo dipinto: contrasti, antitesi, varietà, sfumature e quelle necessità in un quadro, infine, di pura e assoluta astrazione. Niente si può risolvere nell'occhio dello spettatore come la mera rappresentazione di qualcosa della natura, non solo nel dettaglio delle forme singole, ma in generale Kandinsky crea, qui, un mondo che non esiste. Mentre Mondrian cercava di dipingere le leggi fondamentali della nostra natura, Kandinsky immagina un'altra inedita natura, vivace, drammatica, antigravitazionale, assurda: è la raffigurazione del mondo dello spirituale.

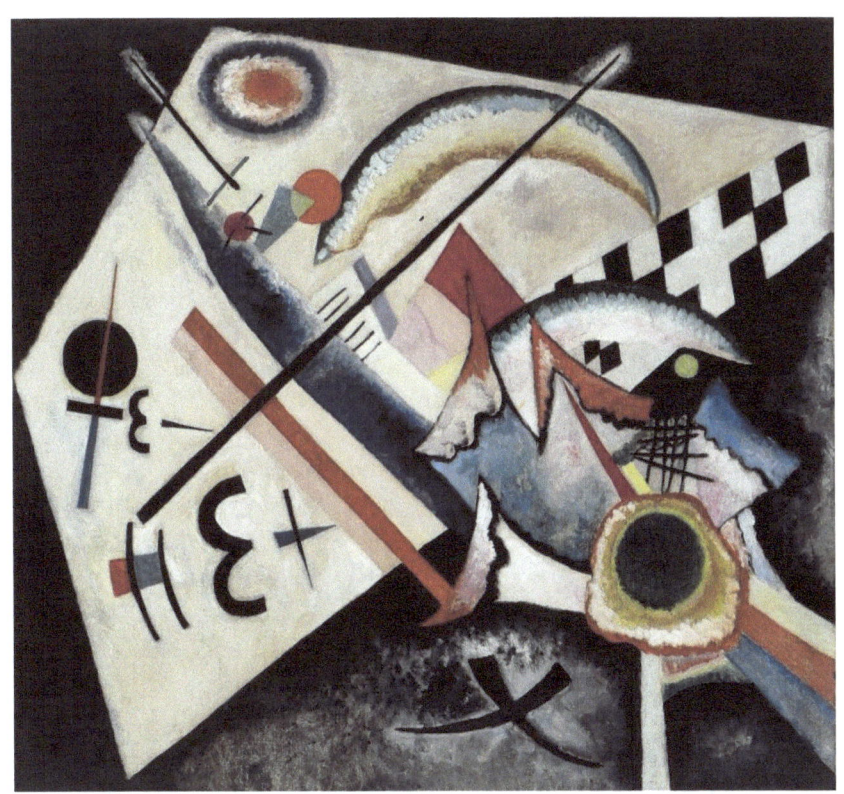

Kandinsky, Croce bianca, 1922, Collezione
Peggy Guggenheim, Venezia.

Composizione VIII

Abbiamo già inteso che il titolo di Composizione, per Kandinsky significa un quadro di lunga gestazione e di particolare importanza. Nel 1923 lui torna a questa formula, per la prima volta dopo 10 anni. Rispetto alle sue composizioni del 1913, il cambiamento è drammatico. Proprio quella evoluzione verso le forme geometriche, a dispetto delle forme libere. A primo impatto, Composizione VIII sembra quasi un arido esercizio proveniente da uno dei suoi corsi al Bauhaus: un repertorio di linee, forme, angoli e curve, con colori contrastati che si influenzano in contrasti caldo-freddo. Sicuramente insegnava agli allievi che il punto dove un triangolo equilatero tocca appena la circonferenza del cerchio è il luogo di massima tenzione esasperata, se possibile, dal contrasto tra i colori giallo-blu, e qui lo si trova rappresentato come fosse un libro di testo. Con grande talento, Kandinsky evita che lo sfondo si costituisca mai come uno spazio convenzionale, illusionistico. Cioè, l'aria umida in cui ballano le forme non si trasformano mai in altro che una superficie dipinta. La diversità delle forme è già, di per sé, fonte di meraviglia. Detto ciò, ritengo che si tratti di nuovo di un finimondo: il diluvio. È un soggetto originario della composizione VI di dieci anni prima. Il linguaggio geometrico è enfatizzato con le colline triangolari che sorgono sopra le curve di una marea e il tondo nero e viola che domina minacciosamente la composizione, come l'ira di Dio. Le righe entrano da destra e richiamano la pioggia e i fulmini del quadro di 10 anni prima. Addirittura l'albero di una nave compare esattamente nella stessa posizione di prima, come l'arca di Noè sul monte Ararat in alto a sinistra. Il linguaggio geometrico domina il quadro. Nell'angolo in basso a destra un triangolo, un quadrato e un cerchio convivono, mentre altri cerchi si spargono su tutta la tela.

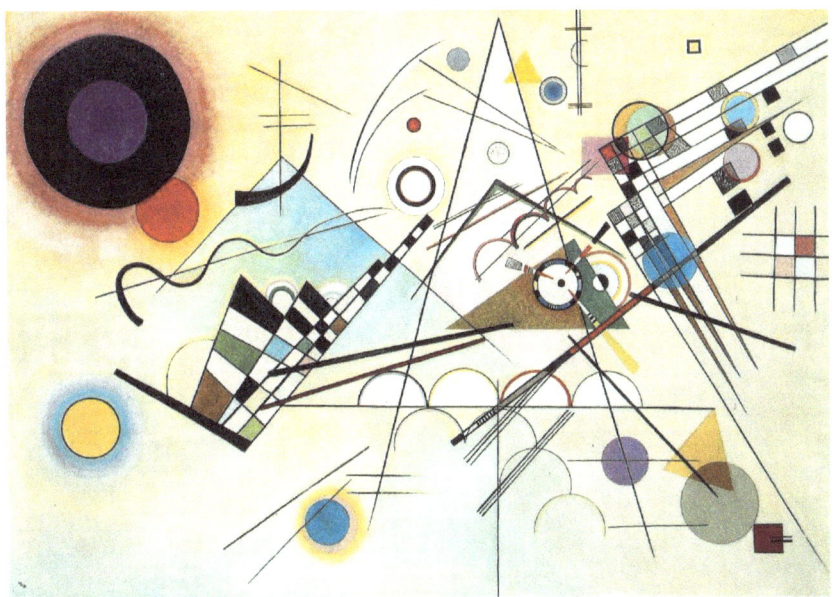

Kandinsky, Composizione VIII, 1923, Guggenheim Museum, New York.

Alcuni cerchi

Dopo la pubblicazione del suo primo libro di teoria, Lo Spirituale nell'arte, Kandinsky inizia, nel 1914, a scrivere il suo secondo testo più noto, che pubblicherà soltanto nel 1926: punto in linea su piano. In questo libro teorizza il significato del cerchio. Nello stesso anno in cui pubblica questo libro, dipinge alcuni cerchi. Per cominciare, ricordiamo che lo scopo di Kandinsky, con i suoi quadri, è quello di causare vibrazioni nell'anima comparabili all'effetto della musica. Per lui questo traguardo in pittura è raggiunto attraverso la forma e il colore. Il rigore di alcuni cerchi, quindi, è nella scelta di una grande varietà di colore ma di una sola forma, il cerchio appunto. Galleggiano in uno spazio ambiguo, infinitamente grande o infinitamente piccolo, neutralizzando, quindi, l'illusione di uno spazio specifico. In ogni caso abbiamo uno spazio nero, il colore della morte, privo di armonia o movimento, silenzioso. Il cerchio più grande è blu ed è invaso da altri cerchi. Innanzitutto ne abbiamo uno nero ed è circondato da un alone bianco. Come si può spiegare? Per Kandinsky il blu è freddo, tende a ritirarsi ed è centripeto. Il blu si muove verso sé stesso, qualità che diventa più forte man mano che il blu si avvicina al nero. Questa attrazione verso il nero è contrastata dal bianco, un colore silenzioso ma che contiene in sé la potenzialità di tutti i colori ed è espansivo. Il bianco possiede energia centrifuga, quindi la presenza dentro e attorno al blu del nero e del bianco ottiene un grande e pregnante equilibrio. È come se il suo spostamento fuori e al centro del quadro, ad opera di una forza invisibile, avesse fatto nascere gli altri cerchi. Qualche altro cerchio, magari solo ancora un anello, deve ancora nascere. Questo quadro potrebbe sembrare un esercizio di forme e colori. Torniamo all'affermazione che l'insieme del quadro dovrebbe commuovere l'anima come la musica. Per Kandinsky il cerchio, come forma geometrica, è la perfezione in quanto non è statico né mosso ed è privo di direzione in equilibrio. Il cerchio compare quando un punto comincia a muoversi su un asse curva, generando una linea curva che a sua volta, se non viene disturbata, torna al punto di partenza per poi racchiudere un piano, generando così un cerchio, appunto. Questo è il processo della creazione dal punto alla linea al piano. Per Kandinsky questo è di fondamentale importanza, anzi, porta via il fiato: il cerchio per lui rappresenta il momento dell'evoluzione della forma materiale verso la forma spirituale. Perciò, la corona di bianco attorno al blu, quella sensazione di eclisse che blocca la fonte di tutti i colori, racconta e mette in atto questo processo della forma verso lo spirituale in modo cosmico.

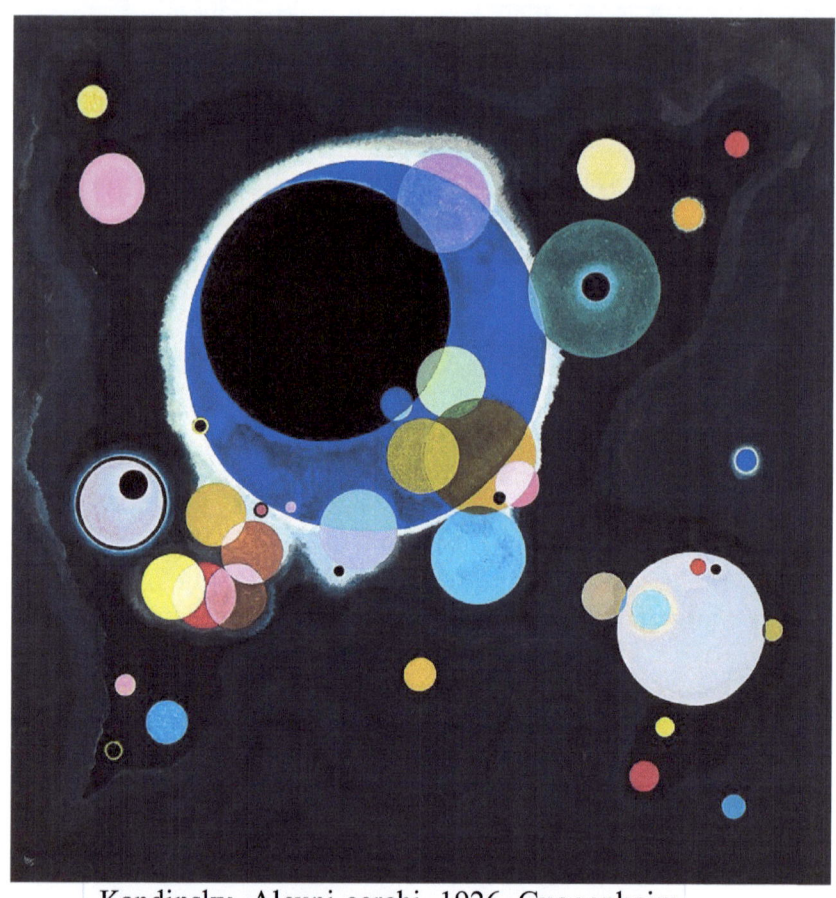

Kandinsky, Alcuni cerchi, 1926, Guggenheim
Museum, New York.

Il Bauhaus

La rivoluzione industriale e la meccanizzazione dei sistemi produttivi di metà Ottocento, determinano un clima culturale sia delle accademie sia delle scuole tecniche. Nel 1919 l'architetto Walter Gropius fonda il Bauhaus, Casa della costruzione. Si tratta di una scuola di architettura, arte e design, che operò a Weimer, a Dessau e poi a Berlino. Questo istituto diventerà, nei decenni successivi, il punto di riferimento fondamentale per tutti i movimenti di innovazione nel campo del design e dell'architettura. Gropius è convinto che i tempi richiedano il superamento della divisione ottocentesca tra la manualità dell'artigiano e la creatività dell'artista. A questo scopo, crea una scuola multidisciplinare dove la pratica artistica è abbinata allo studio rigoroso delle nuove tecnologie. Il fine ultimo è la progettazione e creazione di oggetti strettamente funzionali alle esigenze degli individui. A questo programma aderiscono artisti d'Avanguardia di ogni parte d'Europa, come Kandinsky e Paul Klee. Tra i sostenitori compaiono i nomi di Einstein e Chagall. Nella sede di Dessau, gli studenti sono ospitati in un edificio progettato da Gropius, realizzato in vetro e in metallo. Accordi con società private portano alla produzione di straordinari oggetti di design, come le sedie in acciaio tubolare cromato di Marcel Breuer. Nel 1930 il Bauhaus è costretto a spostarsi a Berlino, ma in seguito al regime nazista, nel 1933, viene definitivamente chiuso.

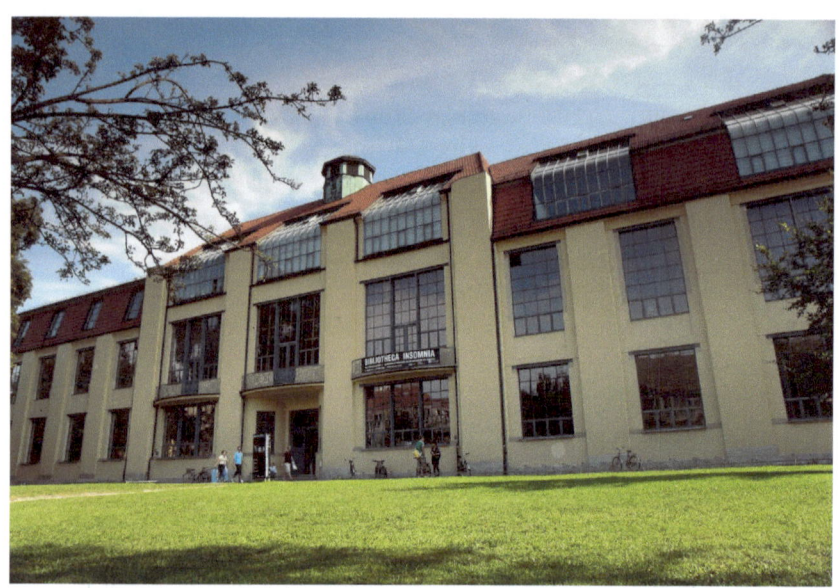

Bauhaus a Weimar.

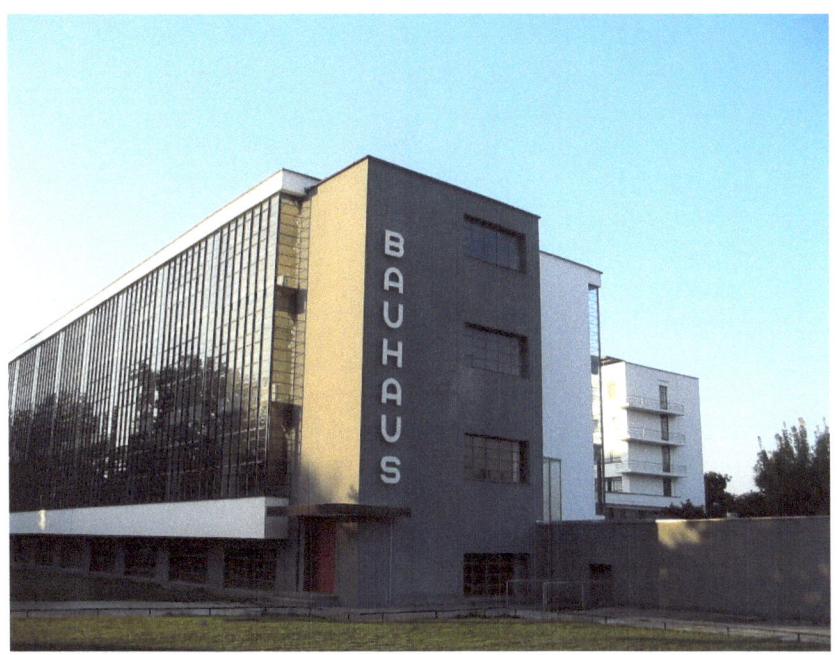

Bauhaus a Dessau.

All'insù

Nel 1929 Kandinsky aveva come vicino di casa Paul Klee, un amico dai tempi della mostra del Cavaliere azzurro, del 1911. Abitano con le rispettive mogli nelle case per insegnanti del Bauhaus di Dessau, l'uno a fianco all'altro. È difficile, dunque, non vedere in questo quadro un'affinità con il mondo ludico e fantasioso di Klee. È inoltre possibile che Kandinsky avesse negli occhi le teste geometrizzate di un altro amico di gioventù, Alexei von Jawlensky. In questo quadro notiamo una testa di profilo, con un solo occhio, sospesa sul collo e sulle spalle. Questa interpretazione ha comunque poca importanza. La vera motivazione di questa composizione, così precisa, rimane sempre quella della forma e del colore e del loro agire insieme. È il conseguente suono spirituale. La distribuzione del colore è molto delicata e consapevole: il verde e il rosso sono colori complementari, il viola è raffreddato, l'arancione e il rosso riscaldato, con le rispettive tendenze di muoversi verso l'esterno. La precaria stabilità del semicerchio sul punto, è mantenuta soltanto grazie ad un complesso di contropesi di forme, lunghezze e colori diversificati. Questa simultanea presenza di stabilità e calma, che è la qualità del color verde, e del senso di un lento e leggero movimento, è espresso nel titolo All'insù: l'ascesa della fetta dell'arancione. Grazie alla punteggiatura, una tecnica che serviva a Kandinsky a circoscrivere l'intrinseco movimento del colore e contenerlo all'interno della circonferenza, serviva a tranquillizzare il colore, grazie, appunto, a questa tecnica usata solamente con la punta del pennello. I colori del motivo circolare, dunque, esprimono contrasti leggerissimi: viola contro arancione e un pallido blu contro un pallido giallo, inoltre il rosso dà vita. Il formato dell'opera, più lungo che largo, esprime il senso di un moto verticale. È sufficiente immaginare l'opera in formato quadrato, o orizzontale, per capire quanto il senso della gravità influisca a nostra insaputa sulla nostra percezione visiva.

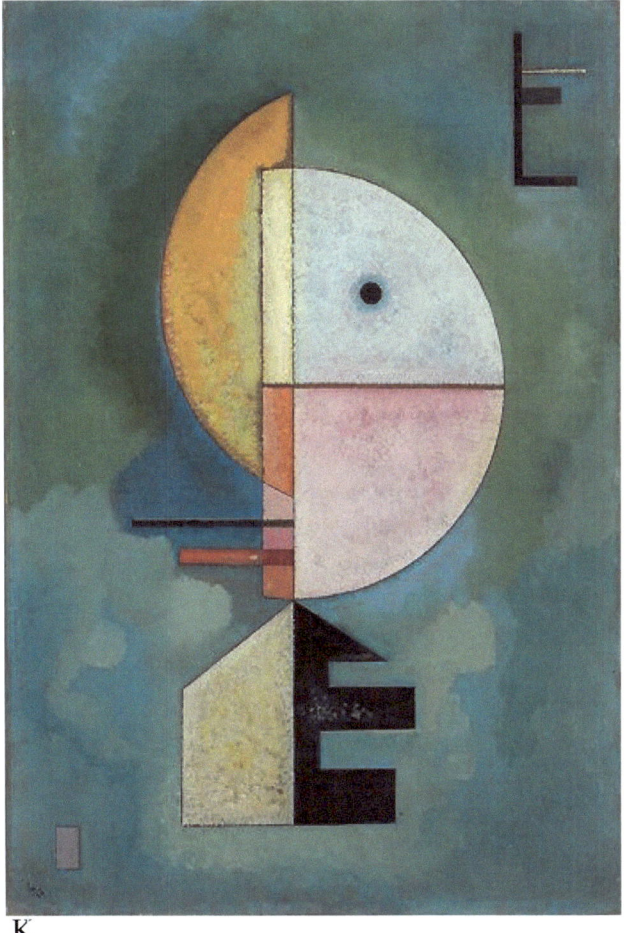

K.
Kandinsky, all'insù, 1929, Collezione Peggy Guggenheim, Venezia.

Curva dominante

Negli anni '30, nel clima repressivo del nazionalismo tedesco, ma anche a causa della politicizzazione del corpo studentesco al Bauhaus, che accusava Klee e Kandinsky di vivere in una torre d'avorio, il Bauhaus viene due volte chiuso. Prima a Dessau e poi a Berlino. Ne consegue una specie di aspra dispersione degli insegnanti. Nel 1933 Kandinsky e sua moglie scelgono Parigi. A Parigi, la scena artistica era dominata da una parte dagli astrattisti e dall'altra dai surrealisti. Kandinsky tiene le distanze dai surrealisti ma anche dagli astrattisti. Kandinsky insisteva sulla propria autonomia. Se ha subito l'influenza della cultura parigina, se le sue opere di quest'ultimo periodo non sono il naturale sviluppo delle sue teorie e dei suoi esperimenti finora, era influenzato forse dalle così dette forme biomorfe, associate al surrealismo. Sono forme con sembianze biologiche senza nome, apparentemente dotate di vita e di movimento. Kandinsky era, appunto, amico di Mirò, quest'ultimo ai margini del Surrealismo. Già dal 1926, ancora al Bauhaus, nel suo libro Punto e linea su piano faceva riferimento alle forme trovabili nel mondo zoologico e già nel suo primo anno di attività a Parigi, nel 1934, compaiono forme di origini ampiamente biologica: invertebrati marini, larve, embrioni. Curva dominante appartiene a quello che è stato definito un periodo d'oro, dal 1934 al 37, del suo soggiorno a Parigi. Si tratta di uno dei suoi capolavori degli ultimi anni, in cui l'esuberanza della curva dominante enfatizza quanto ascetica fosse la scelta di forme all'insù. Pur essendo riconosciuta l'importanza dell'opera è pochissimo discussa nella letteratura e ne rimane molto difficile la lettura. Vi sono tre cerchi bianchi e neri e sono quasi un'affermazione dogmatica di punti fermi e stabili come chiodi, mentre verso sinistra, davanti a un enorme cerchio giallo vi è un'esplosione di righe nere, tanto da piegare il nastro curvo, probabilmente quella dominante del titolo, su cui è dipinto un repertorio di segni che chiamano l'illustrazione del suo libro Punto e linea su piano. La testarda piattezza dei tre cerchi contrasta con l'insolita struttura in prospettiva a destra, dove vi è una sequenza di gradini. Il gradino viola richiama il pannello in altro a sinistra, con linee che evocano forme primitive marine: un quadro dentro il quadro che torna ai geroglifici scritti nei murali egiziani, che Kandinsky ammirava. Inoltre, sempre in tema di antitesi e contrasti, abbiamo una forma organica rosa sotto i tre cerchi e presenta un carattere vagamente embrionico. Detto tutto questo, il mistero del quadro, celato sicuramente in maniera intenzionale da Kandinsky, non si svela. Rimane la sua turbolenta e inspiegabile potenza.

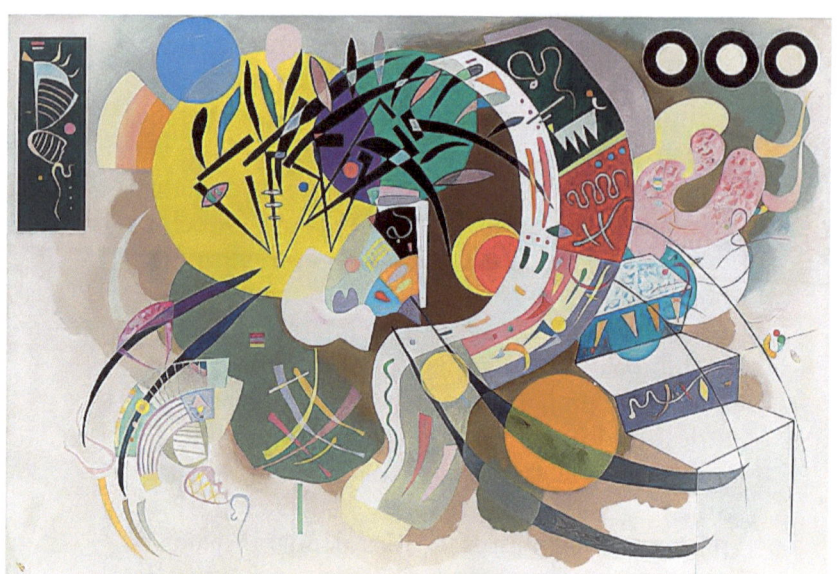

Kandinsky, Curva dominante, 1936, Guggenheim Museum, New York.

Cielo Blu

Forse sarebbe opportuno, qui, una breve digressione. Kandinsky non si inserisce bene a Parigi, rigetta presto la comunità russa, e i suoi quadri non erano capiti. Tenta più volte un ritorno in Germania, finché la situazione non precipita con le sue opere classificate come arte degenerata. Kandinsky, più volte, pensa di emigrare negli Stati Uniti, a New York. A Parigi, l'incomprensione delle sue opere parigine si prolunga dopo la sua morte negli anni '50 ed era considerata un'epoca di declino di incomprensibili opere minori, in particolare dai critici francesi. L'astrattismo del dopoguerra era invece quello dell'espressionismo americano o dell'arte informale in Europa. Il lessico di Kandinsky era del tutto fuori moda. Soltanto nel 1985, con una mostra al Guggenheim di New York fu rivalutata la sua ultima produzione. Questo quadro è uno straordinario inno alla biologia: blu cielo. Ha le forme invisibili nel profondo del mare, ha meduse in miniatura, ha plancton, organismi monocellulari, invertebrati, fino ad arrivare ad embrioni. Sono forme che Kandinsky studia e raccoglie da enciclopedie sulla natura e sulla biologia. Blu cielo è forse l'esempio più lirico di questa tarda e ultima evoluzione dello stile pittorico di Kandinsky. Sembra un'affermazione della vita. Queste forme sono state chiamate uccelli pescatoriali, indicando le ambiguità della sostanza in cui galleggiano, nuotano o volano. Si possono fare ancora un paio di osservazioni su questo periodo tardo di Kandinsky, sulla base del contrasto con le prime opere realizzate a Monaco. Composizione VI, per esempio, fa nascere un contrasto che sta principalmente nella tecnica. Le opere di Monaco sono dominate dal colore reso in grandi macchie. Le opere come Blu cielo sono innanzitutto disegnate con colore attentamente circoscritto. Lo Spirituale nell'arte del 1912 teorizza innanzitutto la psicologia del colore, mentre quello del 1926, Punto e linea su piano, è, come indicato dal titolo, virato sulla psicologia delle forme, cioè il disegno. In secondo luogo, per dare un'indicazione di come, invece, tutta l'arte di Kandinsky si è cucita in un'unica trama, si trovano delle strane illustrazioni sulle forme dell'arte. Si tratta di illustrazioni di figure fiabesche, attribuite all'arte egiziana, di contorni di forme irregolari, che sembrano le prime lezioni delle creature in Blu cielo, 28 anni dopo. Illustrazioni che si trovano nell'almanacco del 1912 del Cavaliere azzurro.

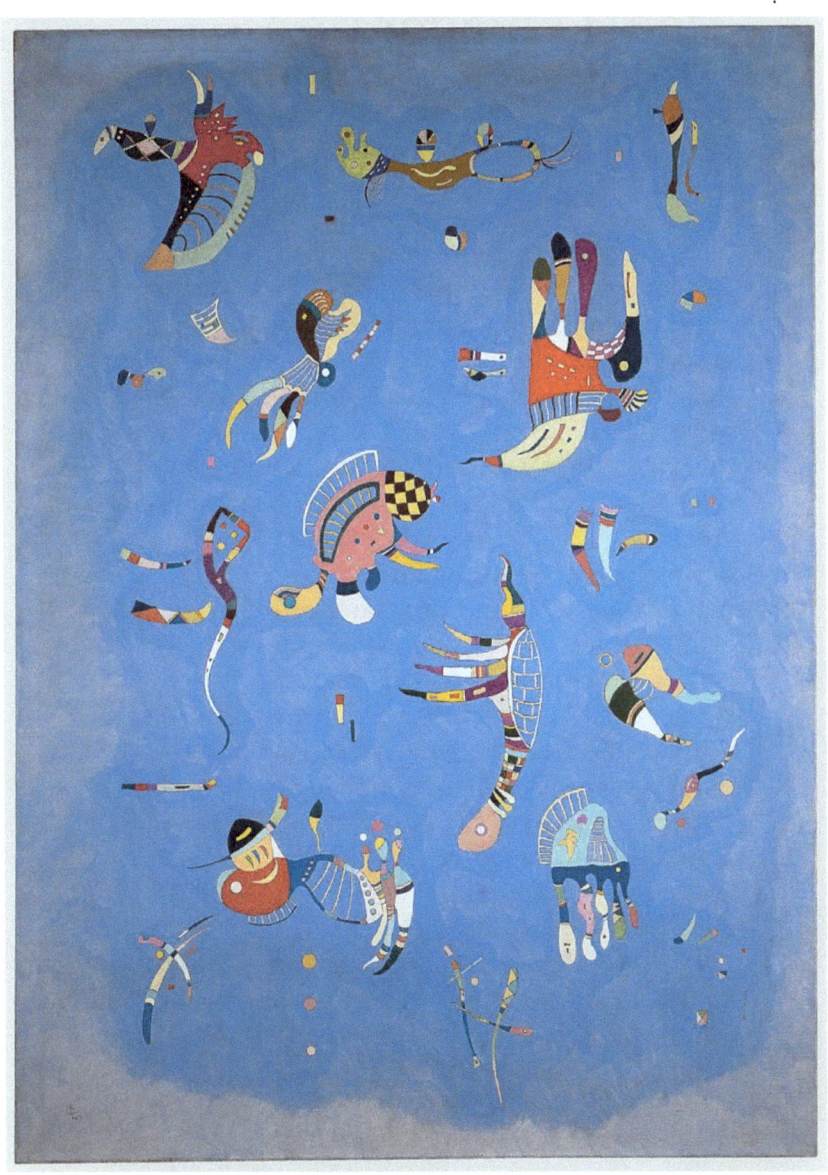

Blu cielo, 1940, Centro Pompidou, Parigi.

Slancio moderato

Dal 1940, con la difficoltà, durante la guerra, di procurare il materiale per la pittura, con Parigi occupata dai tedeschi, Kandinsky dipingeva su cartone e maggiormente in piccola scala. Slancio moderato è considerata la sua ultima opera. Ci sono quattro forme. Tre di loro assomigliano a elementi della natura: una medusa nera, una forma di verme o addirittura, per altri, un cavallo con coda e muso e poi una specie di uccello. Queste identificazioni sono lecite? Kandinsky stesso diceva di non avere obiezioni a queste casuali somiglianze. Per lui andavano bene, non cercava di fuggire da queste pseudo definizioni. Eppure erano irrilevanti. In effetti, per lui queste forme non sarebbero astratte. Negli ultimi anni Kandinsky evitava, nella critica, il concetto di arte Astratta. Queste forme, così dotate di essere, di personalità, di presenza fisica, non erano affatto astratte ma provenivano da un nuovo mondo parallelo di forme creato da lui, l'artista, il creatore. Usava, allora, riferirsi ai suoi quadri come arte concreta e non astratta. È commovente il fatto che si tratta dell'ultima opera di un grande maestro. Un gigante come lui muore a Parigi in oscurità e solitudine, a parte la sua fedele moglie Nina. L'artista soffriva di arteriosclerosi, aveva visto due guerre mondiali e l'ascesa dei nazisti, nonché la rivoluzione bolscevica. In una nota a piè di pagina del suo testo del 1912, Lo Spirituale dell'arte, racconta una battuta senza ironia e diceva "fra gli artisti si sente spesso la domanda come stai oggi?" e la risposta, a volte, era "mi sento molto viola, triste e malinconico". Non è dunque un caso che lo sfondo della sua ultima opera sia di colore viola. Infine chiudo indicandovi la quarta forma in Slancio moderato. Si tratta di una piccola macchia nera a forma di scudo, accanto al volatile ciccione a destra. Su questa è disegnata una forma simile ad un cavaliere azzurro. Con ciò Kandinsky afferma, nel suo esilio in solitudine, la propria lealtà a quel sogno di Mosca e al suo Santo patrono San Giorgio.

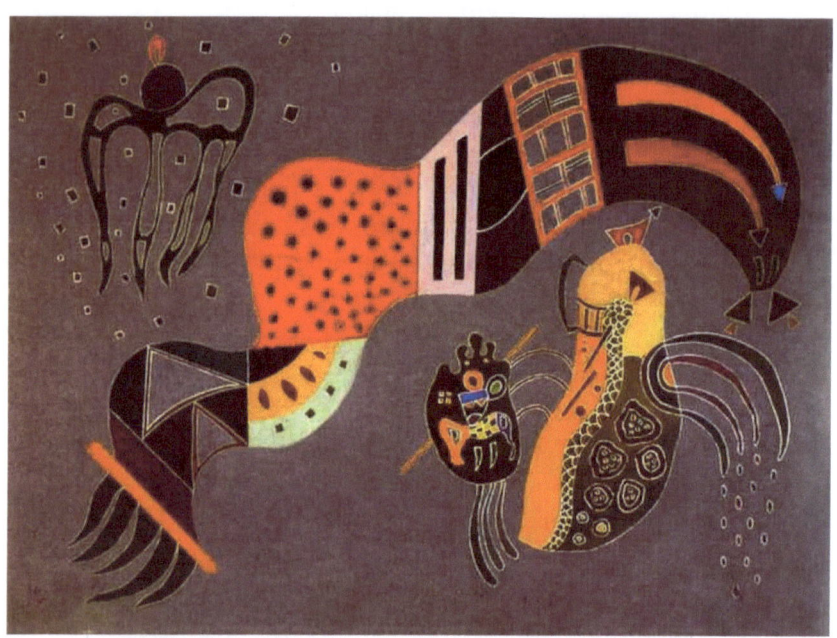

Kandinsky, Slancio moderato, 1944, Centro
Pompidou, Parigi.

Biografia dell'autore

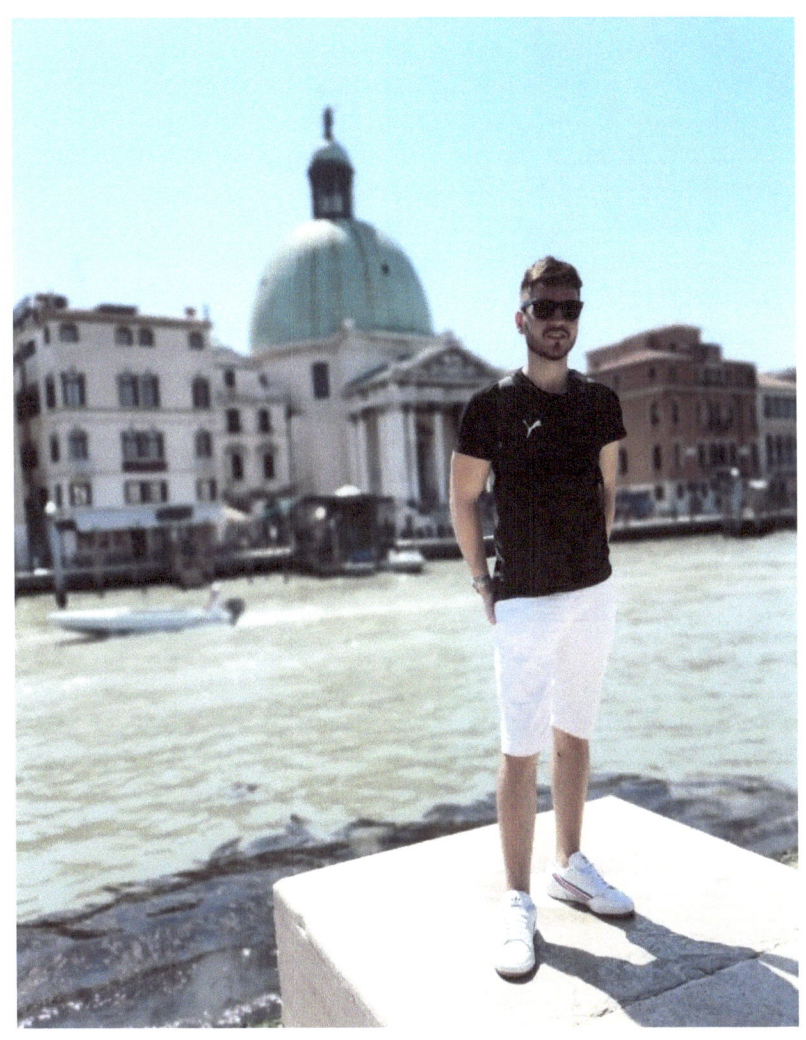

Nato a Gela (CL) il 25/03/1997, Dario Romano è laureato in Lingue e Culture Moderne all'università Kore di Enna ed è un esperto dell'arte ed amante della natura e delle materie umanistiche. Ha già scritto numerose collane e libri su periodi storici artistici e architettonici come il Rinascimento, il Barocco ed il Neoclassicismo e su artisti come Tiziano, Canova, Caravaggio, Velazquez, Canaletto, Tiepolo, Rembrandt, Rubens e tantissimi altri. Dario ha lavorato come guida su Leonardo da Vinci alla mostra "Leonardo ed il genio del volo" che si è tenuta presso il teatro Eschilo di Gela nel 2023, occupandosi del lato ingegneristico-architettonico del periodo storico del Rinascimento e delle figure di Vitruvio, Leonardo da Vinci e contemporanei. Alla passione per la lingua spagnola, la musica (compone e suona la chitarra elettrica per hobby) e i viaggi culturali in città d'arte ed in luoghi naturali, unisce quella della scrittura di libri di arte e di bellezze naturali. Dario è anche proprietario e fondatore del blog Arte Divulgata, uno spazio in cui si impegna a divulgare, criticare e analizzare l'arte, spesso anche in relazione ad altre forme d'arte come la letteratura e tante altre, attraverso dei confronti tra artisti.